# PLEASE SIGN OUR (

**NAME**

**ADDRESS**

**E-MAIL**

**MESSAGE**


**NAME**

**ADDRESS**

**E-MAIL**

**MESSAGE**

# PLEASE SIGN OUR GHOST BOOK

**NAME**
**ADDRESS**

**E-MAIL**

**MESSAGE**


**NAME**
**ADDRESS**

**E-MAIL**

**MESSAGE**

# PLEASE SIGN OUR GHOST BOOK

**NAME**

**ADDRESS**

**E-MAIL**

**MESSAGE**


**NAME**

**ADDRESS**

**E-MAIL**

**MESSAGE**

# PLEASE SIGN OUR GHOST BOOK

**NAME** _____
**ADDRESS** _____
_____

**E-MAIL** _____

**MESSAGE**
_____
_____
_____
_____


**NAME** _____
**ADDRESS** _____
_____

**E-MAIL** _____

**MESSAGE**
_____
_____
_____
_____

# PLEASE SIGN OUR GHOST BOOK

**NAME** _____
**ADDRESS** _____
_____

**E-MAIL** _____

**MESSAGE**
_____
_____
_____
_____


**NAME** _____
**ADDRESS** _____
_____

**E-MAIL** _____

**MESSAGE**
_____
_____
_____
_____

# PLEASE SIGN OUR GHOST BOOK

**NAME**

**ADDRESS**

**E-MAIL**

**MESSAGE**


**NAME**

**ADDRESS**

**E-MAIL**

**MESSAGE**

# PLEASE SIGN OUR GHOST BOOK

**NAME**
**ADDRESS**

**E-MAIL**

**MESSAGE**




**NAME**
**ADDRESS**

**E-MAIL**

**MESSAGE**

# PLEASE SIGN OUR GHOST BOOK

**NAME**

**ADDRESS**

**E-MAIL**

**MESSAGE**




**NAME**

**ADDRESS**

**E-MAIL**

**MESSAGE**

# PLEASE SIGN OUR GHOST BOOK

**NAME**

**ADDRESS**

**E-MAIL**

**MESSAGE**


**NAME**

**ADDRESS**

**E-MAIL**

**MESSAGE**

# PLEASE SIGN OUR GHOST BOOK

**NAME**
**ADDRESS**

**E-MAIL**

**MESSAGE**


**NAME**
**ADDRESS**

**E-MAIL**

**MESSAGE**

# PLEASE SIGN OUR GHOST BOOK

**NAME**
**ADDRESS**

**E-MAIL**

**MESSAGE**




**NAME**
**ADDRESS**

**E-MAIL**

**MESSAGE**

# PLEASE SIGN OUR GHOST BOOK

**NAME** _____
**ADDRESS** _____
_____

**E-MAIL** _____

**MESSAGE**
_____
_____
_____
_____
_____

**NAME** _____
**ADDRESS** _____
_____

**E-MAIL** _____

**MESSAGE**
_____
_____
_____

# PLEASE SIGN OUR GHOST BOOK

**NAME** _____

**ADDRESS** _____

_____

**E-MAIL** _____

**MESSAGE**

_____
_____
_____
_____
_____

**NAME** _____

**ADDRESS** _____

_____

**E-MAIL** _____

**MESSAGE**

_____
_____
_____
_____
_____

# PLEASE SIGN OUR GHOST BOOK

**NAME**

**ADDRESS**

**E-MAIL**

**MESSAGE**




**NAME**

**ADDRESS**

**E-MAIL**

**MESSAGE**

# PLEASE SIGN OUR GHOST BOOK

**NAME**

**ADDRESS**

**E-MAIL**

**MESSAGE**




**NAME**

**ADDRESS**

**E-MAIL**

**MESSAGE**

# PLEASE SIGN OUR GHOST BOOK

**NAME**

**ADDRESS**

**E-MAIL**

**MESSAGE**




**NAME**

**ADDRESS**

**E-MAIL**

**MESSAGE**

# PLEASE SIGN OUR GHOST BOOK

**NAME** _____
**ADDRESS** _____
_____

**E-MAIL** _____

**MESSAGE**
_____
_____
_____
_____
_____


**NAME** _____
**ADDRESS** _____
_____

**E-MAIL** _____

**MESSAGE**
_____
_____
_____
_____
_____

# PLEASE SIGN OUR GHOST BOOK

**NAME**

**ADDRESS**

**E-MAIL**

**MESSAGE**




**NAME**

**ADDRESS**

**E-MAIL**

**MESSAGE**

# PLEASE SIGN OUR GHOST BOOK

**NAME**

**ADDRESS**

**E-MAIL**

**MESSAGE**

---

**NAME**

**ADDRESS**

**E-MAIL**

**MESSAGE**

# PLEASE SIGN OUR GHOST BOOK

**NAME** _____
**ADDRESS** _____
_____
**E-MAIL** _____

**MESSAGE**
_____
_____
_____
_____
_____

**NAME** _____
**ADDRESS** _____
_____
**E-MAIL** _____

**MESSAGE**
_____
_____
_____
_____
_____

# PLEASE SIGN OUR GHOST BOOK

**NAME** _____
**ADDRESS** _____
_____
**E-MAIL** _____

**MESSAGE**
_____
_____
_____
_____
_____


**NAME** _____
**ADDRESS** _____
_____
**E-MAIL** _____

**MESSAGE**
_____
_____
_____
_____
_____

# PLEASE SIGN OUR GHOST BOOK

**NAME**
**ADDRESS**

**E-MAIL**

**MESSAGE**



**NAME**
**ADDRESS**

**E-MAIL**

**MESSAGE**

# PLEASE SIGN OUR GHOST BOOK

**NAME**
**ADDRESS**

**E-MAIL**

**MESSAGE**




**NAME**
**ADDRESS**

**E-MAIL**

**MESSAGE**

# PLEASE SIGN OUR GHOST BOOK

**NAME**
**ADDRESS**

**E-MAIL**

**MESSAGE**




**NAME**
**ADDRESS**

**E-MAIL**

**MESSAGE**

# PLEASE SIGN OUR GHOST BOOK

**NAME**

**ADDRESS**

**E-MAIL**

**MESSAGE**




**NAME**

**ADDRESS**

**E-MAIL**

**MESSAGE**

# PLEASE SIGN OUR GHOST BOOK

**NAME** _____
**ADDRESS** _____
_____

**E-MAIL** _____

**MESSAGE**
_____
_____
_____
_____
_____


**NAME** _____
**ADDRESS** _____
_____

**E-MAIL** _____

**MESSAGE**
_____
_____
_____
_____

# PLEASE SIGN OUR GHOST BOOK

**NAME** _____
**ADDRESS** _____
_____
**E-MAIL** _____
**MESSAGE**
_____
_____
_____
_____
_____

**NAME** _____
**ADDRESS** _____
_____
**E-MAIL** _____
**MESSAGE**
_____
_____
_____
_____

# PLEASE SIGN OUR GHOST BOOK

**NAME**

**ADDRESS**

**E-MAIL**

**MESSAGE**




**NAME**

**ADDRESS**

**E-MAIL**

**MESSAGE**

# PLEASE SIGN OUR GHOST BOOK

**NAME**

**ADDRESS**

**E-MAIL**

**MESSAGE**


**NAME**

**ADDRESS**

**E-MAIL**

**MESSAGE**

# PLEASE SIGN OUR GHOST BOOK

**NAME**
**ADDRESS**

**E-MAIL**

**MESSAGE**


**NAME**
**ADDRESS**

**E-MAIL**

**MESSAGE**

# PLEASE SIGN OUR GHOST BOOK

**NAME**

**ADDRESS**

**E-MAIL**

**MESSAGE**


**NAME**

**ADDRESS**

**E-MAIL**

**MESSAGE**

# PLEASE SIGN OUR GHOST BOOK

**NAME** _____
**ADDRESS** _____
_____

**E-MAIL** _____

**MESSAGE**
_____
_____
_____
_____
_____

**NAME** _____
**ADDRESS** _____
_____

**E-MAIL** _____

**MESSAGE**
_____
_____
_____
_____

# PLEASE SIGN OUR GHOST BOOK

**NAME** _____
**ADDRESS** _____
_____

**E-MAIL** _____

**MESSAGE**
_____
_____
_____
_____
_____


**NAME** _____
**ADDRESS** _____
_____

**E-MAIL** _____

**MESSAGE**
_____
_____
_____
_____
_____

# PLEASE SIGN OUR GHOST BOOK

**NAME**

**ADDRESS**

**E-MAIL**

**MESSAGE**


**NAME**

**ADDRESS**

**E-MAIL**

**MESSAGE**

# PLEASE SIGN OUR GHOST BOOK

**NAME**

**ADDRESS**

**E-MAIL**

**MESSAGE**




**NAME**

**ADDRESS**

**E-MAIL**

**MESSAGE**

# PLEASE SIGN OUR GHOST BOOK

**NAME**

**ADDRESS**

**E-MAIL**

**MESSAGE**


**NAME**

**ADDRESS**

**E-MAIL**

**MESSAGE**

# PLEASE SIGN OUR GHOST BOOK

**NAME**
**ADDRESS**

**E-MAIL**

**MESSAGE**


**NAME**
**ADDRESS**

**E-MAIL**

**MESSAGE**

# PLEASE SIGN OUR GHOST BOOK

**NAME**
**ADDRESS**

**E-MAIL**

**MESSAGE**


**NAME**
**ADDRESS**

**E-MAIL**

**MESSAGE**

# PLEASE SIGN OUR GHOST BOOK

**NAME**

**ADDRESS**

**E-MAIL**

**MESSAGE**


**NAME**

**ADDRESS**

**E-MAIL**

**MESSAGE**

# PLEASE SIGN OUR GHOST BOOK

**NAME**
**ADDRESS**

**E-MAIL**

**MESSAGE**




**NAME**
**ADDRESS**

**E-MAIL**

**MESSAGE**

# PLEASE SIGN OUR GHOST BOOK

**NAME**
**ADDRESS**

**E-MAIL**

**MESSAGE**




**NAME**
**ADDRESS**

**E-MAIL**

**MESSAGE**

# PLEASE SIGN OUR GHOST BOOK

**NAME**
**ADDRESS**

**E-MAIL**

**MESSAGE**




**NAME**
**ADDRESS**

**E-MAIL**

**MESSAGE**

# PLEASE SIGN OUR GHOST BOOK

**NAME**

**ADDRESS**

**E-MAIL**

**MESSAGE**


**NAME**

**ADDRESS**

**E-MAIL**

**MESSAGE**

# PLEASE SIGN OUR GHOST BOOK

**NAME**

**ADDRESS**

**E-MAIL**

**MESSAGE**




**NAME**

**ADDRESS**

**E-MAIL**

**MESSAGE**

# PLEASE SIGN OUR GHOST BOOK

**NAME** _____
**ADDRESS** _____
_____

**E-MAIL** _____

**MESSAGE**

_____
_____
_____
_____
_____

**NAME** _____
**ADDRESS** _____
_____

**E-MAIL** _____

**MESSAGE**

_____
_____
_____
_____

# PLEASE SIGN OUR GHOST BOOK

**NAME** _____
**ADDRESS** _____
_____
**E-MAIL** _____
**MESSAGE**
_____
_____
_____
_____

**NAME** _____
**ADDRESS** _____
_____
**E-MAIL** _____
**MESSAGE**
_____
_____
_____

# PLEASE SIGN OUR GHOST BOOK

**NAME** _____
**ADDRESS** _____
_____
**E-MAIL** _____

**MESSAGE**
_____
_____
_____
_____
_____


**NAME** _____
**ADDRESS** _____
_____
**E-MAIL** _____

**MESSAGE**
_____
_____
_____
_____

# PLEASE SIGN OUR GHOST BOOK

**NAME**
**ADDRESS**

**E-MAIL**

**MESSAGE**




**NAME**
**ADDRESS**

**E-MAIL**

**MESSAGE**

# PLEASE SIGN OUR GHOST BOOK

**NAME** _____
**ADDRESS** _____
_____

**E-MAIL** _____

**MESSAGE**
_____
_____
_____
_____


**NAME** _____
**ADDRESS** _____
_____

**E-MAIL** _____

**MESSAGE**
_____
_____
_____

# PLEASE SIGN OUR GHOST BOOK

**NAME**
**ADDRESS**

**E-MAIL**

**MESSAGE**




**NAME**
**ADDRESS**

**E-MAIL**

**MESSAGE**

# PLEASE SIGN OUR GHOST BOOK

**NAME** _____
**ADDRESS** _____
_____

**E-MAIL** _____

**MESSAGE** _____
_____
_____
_____
_____


**NAME** _____
**ADDRESS** _____
_____

**E-MAIL** _____

**MESSAGE** _____
_____
_____
_____
_____

# PLEASE SIGN OUR GHOST BOOK

**NAME**
**ADDRESS**

**E-MAIL**

**MESSAGE**




**NAME**
**ADDRESS**

**E-MAIL**

**MESSAGE**

# PLEASE SIGN OUR GHOST BOOK

**NAME**

**ADDRESS**

**E-MAIL**

**MESSAGE**


**NAME**

**ADDRESS**

**E-MAIL**

**MESSAGE**

# PLEASE SIGN OUR GHOST BOOK

**NAME** _____
**ADDRESS** _____
_____

**E-MAIL** _____

**MESSAGE**
_____
_____
_____
_____

**NAME** _____
**ADDRESS** _____
_____

**E-MAIL** _____

**MESSAGE**
_____
_____
_____
_____

# PLEASE SIGN OUR GHOST BOOK

**NAME**
**ADDRESS**

**E-MAIL**

**MESSAGE**


**NAME**
**ADDRESS**

**E-MAIL**

**MESSAGE**

# PLEASE SIGN OUR GHOST BOOK

**NAME**
**ADDRESS**

**E-MAIL**

**MESSAGE**




**NAME**
**ADDRESS**

**E-MAIL**

**MESSAGE**

# PLEASE SIGN OUR GHOST BOOK

**NAME** _____
**ADDRESS** _____
_____

**E-MAIL** _____

**MESSAGE**
_____
_____
_____
_____
_____


**NAME** _____
**ADDRESS** _____
_____

**E-MAIL** _____

**MESSAGE**
_____
_____
_____
_____

# PLEASE SIGN OUR GHOST BOOK

**NAME**

**ADDRESS**

**E-MAIL**

**MESSAGE**




**NAME**

**ADDRESS**

**E-MAIL**

**MESSAGE**

# PLEASE SIGN OUR GHOST BOOK

**NAME**
**ADDRESS**

**E-MAIL**
**MESSAGE**




**NAME**
**ADDRESS**

**E-MAIL**
**MESSAGE**

# PLEASE SIGN OUR GHOST BOOK

**NAME** _____

**ADDRESS** _____

_____

**E-MAIL** _____

**MESSAGE**

_____

_____

_____

_____

**NAME** _____

**ADDRESS** _____

_____

**E-MAIL** _____

**MESSAGE**

_____

_____

_____

_____

# PLEASE SIGN OUR GHOST BOOK

**NAME**

**ADDRESS**

**E-MAIL**

**MESSAGE**




**NAME**

**ADDRESS**

**E-MAIL**

**MESSAGE**

# PLEASE SIGN OUR GHOST BOOK

**NAME** _____
**ADDRESS** _____
_____
**E-MAIL** _____
**MESSAGE** _____
_____
_____
_____
_____

**NAME** _____
**ADDRESS** _____
_____
**E-MAIL** _____
**MESSAGE** _____
_____
_____
_____
_____

# PLEASE SIGN OUR GHOST BOOK

**NAME**

**ADDRESS**

**E-MAIL**

**MESSAGE**

---

**NAME**

**ADDRESS**

**E-MAIL**

**MESSAGE**

# PLEASE SIGN OUR GHOST BOOK

**NAME**

**ADDRESS**

**E-MAIL**

**MESSAGE**




**NAME**

**ADDRESS**

**E-MAIL**

**MESSAGE**

# PLEASE SIGN OUR GHOST BOOK

**NAME**

**ADDRESS**

**E-MAIL**

**MESSAGE**




**NAME**

**ADDRESS**

**E-MAIL**

**MESSAGE**

# PLEASE SIGN OUR GHOST BOOK

**NAME**
**ADDRESS**

**E-MAIL**

**MESSAGE**


**NAME**
**ADDRESS**

**E-MAIL**

**MESSAGE**

# PLEASE SIGN OUR GHOST BOOK

**NAME**

**ADDRESS**

**E-MAIL**

**MESSAGE**




**NAME**

**ADDRESS**

**E-MAIL**

**MESSAGE**

# PLEASE SIGN OUR GHOST BOOK

**NAME**
**ADDRESS**

**E-MAIL**

**MESSAGE**


**NAME**
**ADDRESS**

**E-MAIL**

**MESSAGE**

# PLEASE SIGN OUR GHOST BOOK

**NAME** _____
**ADDRESS** _____
_____

**E-MAIL** _____

**MESSAGE**
_____
_____
_____
_____
_____


**NAME** _____
**ADDRESS** _____
_____

**E-MAIL** _____

**MESSAGE**
_____
_____
_____
_____
_____

# PLEASE SIGN OUR GHOST BOOK

**NAME**

**ADDRESS**

**E-MAIL**

**MESSAGE**




**NAME**

**ADDRESS**

**E-MAIL**

**MESSAGE**

# PLEASE SIGN OUR GHOST BOOK

**NAME**
**ADDRESS**

**E-MAIL**

**MESSAGE**




**NAME**
**ADDRESS**

**E-MAIL**

**MESSAGE**

# PLEASE SIGN OUR GHOST BOOK

**NAME**

**ADDRESS**

**E-MAIL**

**MESSAGE**


**NAME**

**ADDRESS**

**E-MAIL**

**MESSAGE**

# PLEASE SIGN OUR GHOST BOOK

**NAME**

**ADDRESS**

**E-MAIL**

**MESSAGE**

---

**NAME**

**ADDRESS**

**E-MAIL**

**MESSAGE**

# PLEASE SIGN OUR GHOST BOOK

**NAME** _____
**ADDRESS** _____
_____

**E-MAIL** _____

**MESSAGE** _____
_____
_____
_____
_____

**NAME** _____
**ADDRESS** _____
_____

**E-MAIL** _____

**MESSAGE** _____
_____
_____
_____

# PLEASE SIGN OUR GHOST BOOK

**NAME**

**ADDRESS**

**E-MAIL**

**MESSAGE**


**NAME**

**ADDRESS**

**E-MAIL**

**MESSAGE**

# PLEASE SIGN OUR GHOST BOOK

**NAME**
**ADDRESS**

**E-MAIL**

**MESSAGE**




**NAME**
**ADDRESS**

**E-MAIL**

**MESSAGE**

# PLEASE SIGN OUR GHOST BOOK

**NAME**

**ADDRESS**

**E-MAIL**

**MESSAGE**


**NAME**

**ADDRESS**

**E-MAIL**

**MESSAGE**

# PLEASE SIGN OUR GHOST BOOK

**NAME** _____
**ADDRESS** _____
_____

**E-MAIL** _____

**MESSAGE**
_____
_____
_____
_____


**NAME** _____
**ADDRESS** _____
_____

**E-MAIL** _____

**MESSAGE**
_____
_____
_____
_____

# PLEASE SIGN OUR GHOST BOOK

**NAME**

**ADDRESS**

**E-MAIL**

**MESSAGE**




**NAME**

**ADDRESS**

**E-MAIL**

**MESSAGE**

# PLEASE SIGN OUR GHOST BOOK

**NAME**

**ADDRESS**

**E-MAIL**

**MESSAGE**


**NAME**

**ADDRESS**

**E-MAIL**

**MESSAGE**

# PLEASE SIGN OUR GHOST BOOK

**NAME**

**ADDRESS**

**E-MAIL**

**MESSAGE**

---

**NAME**

**ADDRESS**

**E-MAIL**

**MESSAGE**

# PLEASE SIGN OUR GHOST BOOK

**NAME** _____
**ADDRESS** _____
_____

**E-MAIL** _____

**MESSAGE**
_____
_____
_____
_____

**NAME** _____
**ADDRESS** _____
_____

**E-MAIL** _____

**MESSAGE**
_____
_____
_____

# PLEASE SIGN OUR GHOST BOOK

**NAME** _____
**ADDRESS** _____
_____

**E-MAIL** _____

**MESSAGE**
_____
_____
_____
_____
_____


**NAME** _____
**ADDRESS** _____
_____

**E-MAIL** _____

**MESSAGE**
_____
_____
_____
_____

# PLEASE SIGN OUR GHOST BOOK

**NAME**

**ADDRESS**

**E-MAIL**

**MESSAGE**




**NAME**

**ADDRESS**

**E-MAIL**

**MESSAGE**

# PLEASE SIGN OUR GHOST BOOK

**NAME** _____
**ADDRESS** _____
_____
**E-MAIL** _____

**MESSAGE**
_____
_____
_____
_____
_____

**NAME** _____
**ADDRESS** _____
_____
**E-MAIL** _____

**MESSAGE**
_____
_____
_____
_____
_____

# PLEASE SIGN OUR GHOST BOOK

**NAME** _____
**ADDRESS** _____
_____

**E-MAIL** _____

**MESSAGE**

_____
_____
_____
_____
_____

**NAME** _____
**ADDRESS** _____
_____

**E-MAIL** _____

**MESSAGE**

_____
_____
_____
_____

# PLEASE SIGN OUR GHOST BOOK

**NAME** _____
**ADDRESS** _____
_____
**E-MAIL** _____

**MESSAGE**

_____
_____
_____
_____


**NAME** _____
**ADDRESS** _____
_____
**E-MAIL** _____

**MESSAGE**

_____
_____
_____
_____

# PLEASE SIGN OUR GHOST BOOK

**NAME**
**ADDRESS**

**E-MAIL**

**MESSAGE**


**NAME**
**ADDRESS**

**E-MAIL**

**MESSAGE**

# PLEASE SIGN OUR GHOST BOOK

**NAME**

**ADDRESS**

**E-MAIL**

**MESSAGE**




**NAME**

**ADDRESS**

**E-MAIL**

**MESSAGE**

# PLEASE SIGN OUR GHOST BOOK

**NAME**

**ADDRESS**

**E-MAIL**

**MESSAGE**

---

**NAME**

**ADDRESS**

**E-MAIL**

**MESSAGE**

# PLEASE SIGN OUR GHOST BOOK

**NAME** _____
**ADDRESS** _____
_____
**E-MAIL** _____

**MESSAGE**
_____
_____
_____
_____
_____


**NAME** _____
**ADDRESS** _____
_____
**E-MAIL** _____

**MESSAGE**
_____
_____
_____
_____

# PLEASE SIGN OUR GHOST BOOK

**NAME** _____
**ADDRESS** _____
_____

**E-MAIL** _____

**MESSAGE**
_____
_____
_____
_____
_____

**NAME** _____
**ADDRESS** _____
_____

**E-MAIL** _____

**MESSAGE**
_____
_____
_____
_____
_____

# PLEASE SIGN OUR GHOST BOOK

**NAME** _____
**ADDRESS** _____
_____
**E-MAIL** _____

**MESSAGE**

_____
_____
_____
_____


**NAME** _____
**ADDRESS** _____
_____
**E-MAIL** _____

**MESSAGE**

_____
_____
_____
_____

# PLEASE SIGN OUR GHOST BOOK

**NAME** _____
**ADDRESS** _____
_____
**E-MAIL** _____

**MESSAGE**

_____
_____
_____
_____
_____


**NAME** _____
**ADDRESS** _____
_____
**E-MAIL** _____

**MESSAGE**

_____
_____
_____
_____
_____

# PLEASE SIGN OUR GHOST BOOK

**NAME**

**ADDRESS**

**E-MAIL**

**MESSAGE**


**NAME**

**ADDRESS**

**E-MAIL**

**MESSAGE**

# PLEASE SIGN OUR GHOST BOOK

**NAME** _____
**ADDRESS** _____
_____

**E-MAIL** _____

**MESSAGE**
_____
_____
_____
_____

**NAME** _____
**ADDRESS** _____
_____

**E-MAIL** _____

**MESSAGE**
_____
_____
_____
_____

# PLEASE SIGN OUR GHOST BOOK

**NAME**
**ADDRESS**

**E-MAIL**

**MESSAGE**




**NAME**
**ADDRESS**

**E-MAIL**

**MESSAGE**

# PLEASE SIGN OUR GHOST BOOK

**NAME**

**ADDRESS**

**E-MAIL**

**MESSAGE**


**NAME**

**ADDRESS**

**E-MAIL**

**MESSAGE**

# PLEASE SIGN OUR GHOST BOOK

**NAME**

**ADDRESS**

**E-MAIL**

**MESSAGE**

---

**NAME**

**ADDRESS**

**E-MAIL**

**MESSAGE**

# PLEASE SIGN OUR GHOST BOOK

**NAME**

**ADDRESS**

**E-MAIL**

**MESSAGE**


**NAME**

**ADDRESS**

**E-MAIL**

**MESSAGE**

# PLEASE SIGN OUR GHOST BOOK

**NAME** _____
**ADDRESS** _____
_____

**E-MAIL** _____

**MESSAGE**
_____
_____
_____
_____


**NAME** _____
**ADDRESS** _____
_____

**E-MAIL** _____

**MESSAGE**
_____
_____
_____
_____

# PLEASE SIGN OUR GHOST BOOK

**NAME** _____
**ADDRESS** _____
_____
**E-MAIL** _____

**MESSAGE**
_____
_____
_____
_____
_____

**NAME** _____
**ADDRESS** _____
_____
**E-MAIL** _____

**MESSAGE**
_____
_____
_____
_____
_____

# PLEASE SIGN OUR GHOST BOOK

**NAME** _____
**ADDRESS** _____
_____
**E-MAIL** _____

**MESSAGE**
_____
_____
_____
_____
_____


**NAME** _____
**ADDRESS** _____
_____
**E-MAIL** _____

**MESSAGE**
_____
_____
_____
_____

# PLEASE SIGN OUR GHOST BOOK

**NAME**

**ADDRESS**

**E-MAIL**

**MESSAGE**


**NAME**

**ADDRESS**

**E-MAIL**

**MESSAGE**

# PLEASE SIGN OUR GHOST BOOK

**NAME**

**ADDRESS**

**E-MAIL**

**MESSAGE**


**NAME**

**ADDRESS**

**E-MAIL**

**MESSAGE**

# PLEASE SIGN OUR GHOST BOOK

**NAME**

**ADDRESS**

**E-MAIL**

**MESSAGE**




**NAME**

**ADDRESS**

**E-MAIL**

**MESSAGE**

# PLEASE SIGN OUR GHOST BOOK

**NAME** _____
**ADDRESS** _____
_____
**E-MAIL** _____
**MESSAGE**
_____
_____
_____
_____

**NAME** _____
**ADDRESS** _____
_____
**E-MAIL** _____
**MESSAGE**
_____
_____
_____
_____

# PLEASE SIGN OUR GHOST BOOK

**NAME**

**ADDRESS**

**E-MAIL**

**MESSAGE**


**NAME**

**ADDRESS**

**E-MAIL**

**MESSAGE**

# PLEASE SIGN OUR GHOST BOOK

**NAME** _____
**ADDRESS** _____
_____
**E-MAIL** _____

**MESSAGE**
_____
_____
_____
_____
_____


**NAME** _____
**ADDRESS** _____
_____
**E-MAIL** _____

**MESSAGE**
_____
_____
_____
_____

# PLEASE SIGN OUR GHOST BOOK

**NAME** _____
**ADDRESS** _____
_____

**E-MAIL** _____

**MESSAGE**
_____
_____
_____
_____
_____


**NAME** _____
**ADDRESS** _____
_____

**E-MAIL** _____

**MESSAGE**
_____
_____
_____
_____

# PLEASE SIGN OUR GHOST BOOK

**NAME**

**ADDRESS**

**E-MAIL**

**MESSAGE**


**NAME**

**ADDRESS**

**E-MAIL**

**MESSAGE**

# PLEASE SIGN OUR GHOST BOOK

**NAME**

**ADDRESS**

**E-MAIL**

**MESSAGE**




**NAME**

**ADDRESS**

**E-MAIL**

**MESSAGE**

Made in the USA
Las Vegas, NV
02 November 2022